BEI GRIN MACHT SICH IHR WISSEN BEZAHLT

- Wir veröffentlichen Ihre Hausarbeit, Bachelor- und Masterarbeit

- Ihr eigenes eBook und Buch - weltweit in allen wichtigen Shops

- Verdienen Sie an jedem Verkauf

Jetzt bei www.GRIN.com hochladen und kostenlos publizieren

Matter im Smarthome von Apple. Eine SWOT-Analyse

Bibliografische Information der Deutschen Nationalbibliothek:

Die Deutsche Nationalbibliothek verzeichnet diese Publikation in der Deutschen Nationalbibliografie; detaillierte bibliografische Daten sind im Internet über http://dnb.d-nb.de abrufbar.

ISBN: 9783346849410
Dieses Buch ist auch als E-Book erhältlich.

© GRIN Publishing GmbH
Nymphenburger Straße 86
80636 München

Druck und Bindung: Books on Demand GmbH, Norderstedt Germany
Gedruckt auf säurefreiem Papier aus verantwortungsvollen Quellen

Das Buch bei GRIN: https://www.grin.com/document/1340239

Hausarbeit

Matter im Smarthome

Welchen Einfluss hat der neue Kommunikationsstandard
Matter auf das Smarthome des Unternehmens Apple?

Inhaltsverzeichnis

Abbildungsverzeichnis IV

Tabellenverzeichnis...IV

Abkürzungsverzeichnis IV

Gender-Hinweis IV

Literatur-Hinweis IV

1 Einleitung 1

2 Theoretische Grundlagen 1

   2.1 Industrie 4.0...1

   2.2 Internet of Things 2

   2.3 Smarthome...2

   2.4 Matter der neue Kommunikationsstandard 4

   2.5 Smarthome ohne Matter...5

3 Einfluss von Matter auf das Smarthome von Apple.............................5

   3.1 SWOT-Analyse von Matter...6

      3.1.1 Stärken 6

      3.1.2 Schwächen 6

      3.1.3 Chancen 7

      3.1.4 Risiken 7

4 Entwicklung einer Studie zu Matter im Smarthome von Apple 8

   4.1 Hypothesen 8

   4.2 Forschungsdesign 9

   4.3 Stichprobengröße...9

   4.4 Verfahren zur Datenauswertung 10

5 Fazit..11

Literaturverzeichnis...

Abbildungsverzeichnis

Abbildung 1: Smarthome ohne Matter...3

Abbildung 2: Die bekanntesten Unternehmen, die Matter unterstützen 4

Tabellenverzeichnis

Tabelle 1: Fragebogen...9

Tabelle 2: Datenauswertung 10

Abkürzungsverzeichnis

IoT – Internet of Things

IP – Internet Protocol

Gender-Hinweis

Aus Gründen der besseren Lesbarkeit wird bei Personenbezeichnungen und personen-
bezogenen Hauptwörtern in dieser Hausarbeit die männliche Form verwendet. Entspre-
chende Begriffe gelten im Sinne der Gleichbehandlung grundsätzlich für alle Geschlech-
ter. Die verkürzte Sprachform hat nur redaktionelle Gründe und beinhaltet keine Wer-
tung.

Literatur-Hinweis

Das Thema Rund um Matter ist sehr aktuell, sodass teilweise auf „graue" Literatur, wie
Webseiten, zurückgegriffen wird.

1 Einleitung

Die Digitalisierung sorgt dafür, dass immer mehr Prozesse in der Wirtschaft und der Gesellschaft optimiert werden. Besonders stark geprägt ist die Industrie, die sich mit dem Ziel der Industrie 4.0 vornimmt, Menschen, Maschinen und Produkte enger miteinander zu vernetzen. Ein Teil dieses Optimierungsprozesses ist die Technologie des Internets der Dinge (englisch Internet of Things, Abkürzung IoT), also die Fähigkeit, physische Objekte, die mit Sensoren und entsprechender Software ausgestattet sind, eigenständig agieren zu lassen. Dies geschieht, indem IoT-Geräte über Netzwerke miteinander kommunizieren. In der Industrie werden IoT-Geräte schon eingesetzt, um Prozesse automatisiert zu steuern und zu überwachen (vgl. Hänisch, 2017, S. 39 ff).

Nun findet die Digitalisierung auch in der Gesellschaft statt, in den privaten Haushalten. Aus einem „gewöhnlichen" Zuhause wird ein Smarthome, also ein Zuhause, dass mit Hilfe von IoT-Geräten alltägliche Dinge im Hintergrund automatisiert regelt, wie z.B. Raumtemperatur, Beleuchtung und Gartenbewässerung. Aufgrund der steigenden Nachfrage von Smarthome-Geräten nimmt auch das Angebot von verschiedenen Herstellern, wie Apple, Google, Amazon, Samsung und IKEA zu.

Der große Nachteil aktuell liegt darin, dass jeder Hersteller sein eigenes System bzw. Netzwerk mit seiner ganz eigenen Kommunikationssprache verwendet. Damit sind die IoT-Geräte der unterschiedlichen Hersteller oft nicht zueinander kompatibel oder benötigen eigene, auf das spezielle Problem zugeschnittene, Lösungen. Doch mit dem neuen Kommunikationsstandard Matter soll dieses Problem zukünftig behoben werden. Eine einheitliche Sprache für die Smarthome-Geräte, um die Verwaltung des eigenen Zuhauses individuell und unabhängig von den vorgebebenen starren Systemen leichter und sicherer zu bedienen (vgl. Smart Life, 2023; Westphal, 2022).

2 Theoretische Grundlagen

In diesem Kapitel sind die Grundbegriffe, wie Industrie 4.0, Internet of Things, Smarthome und Matter, im Einzelnen zu erläutern.

2.1 Industrie 4.0

Industrie 4.0 bezieht sich auf die vierte industrielle Revolution, die nach der Mechanisierung (Industrie 1.0), der Massenproduktion (Industrie 2.0) und der Automatisierung (Industrie 3.0) stattfindet (vgl. Hänisch, 2017, S. 39 ff). Bei Industrie 4.0 steht die Digitalisierung im Vordergrund. Eines der Ziele von Industrie 4.0 ist es, Prozesse zu automatisieren und zu optimieren, indem die gesammelten Daten analysiert und genutzt werden. Auf diese Weise können Ausfallzeiten minimiert und die Produktivität erhöht werden (vgl.

Hänisch, 2017, S. 14 ff). Dies kann zu Veränderungen in der Art und Weise führen, wie Arbeit erledigt wird, und möglicherweise Auswirkungen auf Arbeitsplätze haben.

Es gibt viele weitere Aspekte zu Industrie 4.0, wie zum Beispiel die Nutzung von Augmented Reality und Virtual Reality, die Möglichkeit der flexiblen Produktion durch die Nutzung von 3D-Druck, die Integration von Blockchain-Technologie in Industrieprozesse sowie die Nutzung von Künstlicher Intelligenz, Internet of Things und die Vernetzung von Maschinen und Anlagen (vgl. Bildung, o. J.).

2.2 Internet of Things

Das Internet of Things (IoT) bezieht sich auf die Vernetzung von Geräten und Maschinen mit dem Internet. Diese Geräte können Daten sammeln und senden und sind in der Lage, miteinander zu kommunizieren. Ziel des IoT ist es, Prozesse zu automatisieren und zu optimieren, indem die gesammelten Daten analysiert und genutzt werden. Es gibt viele weitere Anwendungsmöglichkeiten für das IoT, wie zum Beispiel in der Landwirtschaft, im Transportwesen oder in der Gesundheitsbranche (vgl. Andelfinger & Hänisch, 2015, S. 15 ff).

Ein Beispiel für das IoT in der Industrie ist die Vernetzung von Maschinen in einer Fabrik. Durch das Sammeln von Daten über die Maschinenleistung und -ausfälle lassen sich mögliche Probleme frühzeitig erkennen und beheben. Auf diese Weise können Ausfallzeiten minimiert und die Produktivität erhöht werden.

Darüber hinaus hat das IoT auch das Potenzial, das Leben von Verbrauchern zu verbessern, indem es beispielsweise Haushaltsgeräte miteinander verbindet und so den Energieverbrauch minimiert (vgl. Sprenger & Engemann, 2015, S. 119 ff).

2.3 Smarthome

Ein Smarthome ist ein mit intelligenten Geräten und Systemen ausgestattetes Zuhause. Diese Geräte können miteinander und mit dem Internet verbunden werden, um das Leben der Bewohner zu erleichtern und den Energieverbrauch zu optimieren.

Ein Beispiel für ein intelligentes Gerät in einem Smarthome ist eine smarte Steckdose, die es ermöglicht, elektrische Geräte per App oder Sprachbefehl zu steuern. So können beispielsweise Lampen, Steckdosen oder Gartenbewässerungsanlagen von überall aus und zu jederzeit ein- und ausgeschaltet werden (vgl. Strese, Seidel, Knape & Botthof, 2010, S. 8 ff).

Ein weiteres Beispiel ist eine smarte Heizung, die anhand von Daten wie Außentemperatur und Verbrauchsgewohnheiten die Raumtemperatur reguliert. Durch die Reduktion der Heizleistung in den Stunden, in denen niemand zu Hause ist, lässt sich Energie sparen (vgl. Rodriguez, 2012, S. 252 ff).

Es gibt viele weitere Möglichkeiten, wie intelligente Geräte das Leben in einem Smarthome erleichtern können. Dazu gehören beispielsweise smarte Rauchmelder, die bei einem Brand frühzeitig Alarm schlagen, oder smarte Türschlösser, die es ermöglichen das Zuhause per App zu verriegeln oder zu öffnen.

Abbildung 1: Smarthome ohne Matter zeigt, wie ein Smarthome aufgebaut sein kann. Die Smart-Leuchte und der Smart-Wassererhitzer (blau) agieren im gleichen Netzwerksystem, z.B. das HomeKit von Apple. Die Smart-Heizung (rot) läuft nur auf Systemen, die von Google Home unterstützt werden und die Smart-Steckdose (grün) nutzt Amazon Alexa.

Abbildung 1: Smarthome ohne Matter

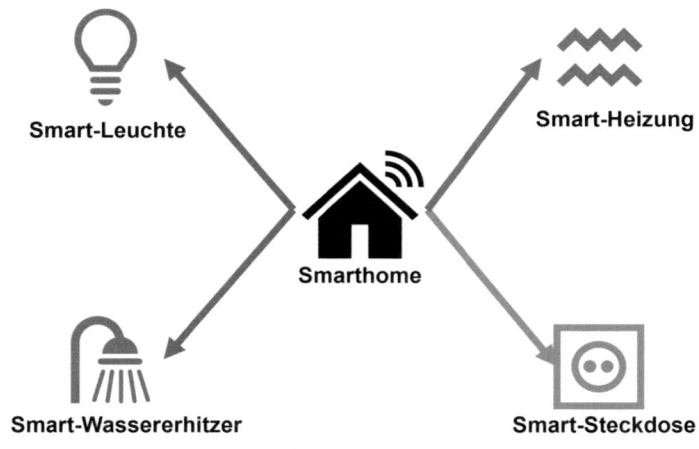

Smarthome mit Systemen verschiedener Hersteller | Eigene Darstellung

Die mangelnde Interoperabilität ist derzeit einer der größten Nachteile von Smarthome-Systemen. Dies bedeutet, Geräte und Systeme von unterschiedlichen Herstellern sind nicht miteinander kompatibel und können daher nicht miteinander kommunizieren. Dies erschwert es den Nutzern, ihr Smarthome-System aufzubauen und zu verwalten (vgl. Duden, o. J.).

Ein weiteres Problem ist die potenzielle Einschränkung der Kompatibilität von Geräten mit unterschiedlichen Smarthome-Plattformen. Zum Beispiel kann ein Gerät, das mit Amazon Alexa kompatibel ist, nicht automatisch mit Google Home kompatibel sein.

Es gibt allerdings auch Bemühungen, dieses Problem anzugehen, z.B. durch die Entwicklung von Branchenstandards und -protokollen, wie Matter, die die Kommunikation von Geräten unterschiedlicher Hersteller ermöglichen sollen.

2.4 Matter der neue Kommunikationsstandard

Matter ist ein Unternehmen, das sich auf die Entwicklung von Smart-Home-Technologie spezialisiert hat. Es hat sich darauf konzentriert, eine einheitliche Schnittstelle für verschiedene Smart-Home-Geräte zu schaffen und diese miteinander zu verbinden.

Matter ist auch ein offenes Protokoll, das von einem Konsortium aus Unternehmen wie Amazon, Apple, Google und Zigbee Alliance entwickelt wurde, um die Kompatibilität von Smarthome-Geräten zu verbessern, siehe (Abbildung 2: Die bekanntesten Unternehmen, die Matter unterstützen).

Matter basiert auf einem bestehenden Protokoll namens "IP", das für Internet Protocol steht und das Übertragen von Daten im Internet ermöglicht. Durch die Verwendung von IP soll es einfacher werden, Smarthome-Geräte von verschiedenen Herstellern miteinander zu vernetzen und zu steuern (vgl. heise online, 2019). Zu den Übertragungsmöglichkeiten gehören Ethernet-/LAN (IEEE 802.3), WiFi/WLAN (IEEE 802.11) und Thread (IEEEE 802.15.4) (vgl. matter-smarthome, 2023).

Abbildung 2: Die bekanntesten Unternehmen, die Matter unterstützen

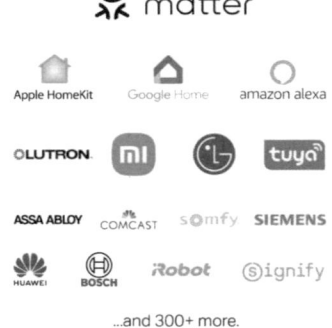

Die bekanntesten Unternehmen, die Matter unterstützen | Quelle: (vgl. Smart Life, 2023; Apple, 2023a; Google, 2023; Westphal, 2022)

Das Matter-Protokoll wurde entwickelt, um die Interoperabilität von Smarthome-Geräten zu verbessern und dem Nutzer die Wahl zu lassen, welche Plattform er für die Steuerung seines Smarthomes verwenden möchte. Auf diese Weise kann der Nutzer beispielsweise Geräte von verschiedenen Herstellern mit einer einzigen App steuern, anstatt für jedes Gerät eine separate App verwenden zu müssen.

Matter ist noch ein neues Protokoll und wird derzeit nur von einigen Unternehmen unterstützt. Es ist jedoch wahrscheinlich, dass in Zukunft immer mehr Smarthome-Geräte das Matter-Protokoll nutzen werden (vgl. matter-smarthome, 2023).

2.5 Smarthome ohne Matter

Ein Smarthome ist auch ohne das Matter-Protokoll realisierbar. Es gibt verschiedene Möglichkeiten, Haushaltsgeräte und -systeme zu vernetzen und zu steuern. Eine Möglichkeit ist die Verwendung von proprietären Protokollen und Systemen, die von einem einzelnen Hersteller bereitgestellt werden. Diese Systeme sind in der Regel auf die Geräte eines bestimmten Herstellers beschränkt und können nicht ohne weiteres mit Geräten anderer Hersteller interagieren (vgl. Strese et al., 2010, S. 8 ff).

Eine andere Möglichkeit ist die Verwendung von offenen Protokollen wie zum Beispiel Z-Wave oder ZigBee. Diese Protokolle werden von verschiedenen – aber nicht allen - Herstellern unterstützt und ermöglichen es, deren Geräte miteinander zu vernetzen und zu steuern (vgl. Z-Wave Europe, 2023a, 2023b).

Es gibt also verschiedene Möglichkeiten, ein Smarthome zu realisieren und es gibt Vor- und Nachteile verschiedener Ansätze. Es ist wichtig, die eigenen Anforderungen und Präferenzen zu berücksichtigen, um das für einen selbst passende Smarthome zu konfigurieren. Jedoch erleichtert der Kommunikationsstandard Matter die Entwicklung eines individuellen Smarthomes, wie zum Beispiel das von Apple.

3 Einfluss von Matter auf das Smarthome von Apple

Das Smarthome von Apple, auch bekannt als HomeKit, ist eine Plattform, die es ermöglicht, verschiedene Smart-Home-Geräte miteinander zu verbinden und zu steuern. Dazu gehören beispielsweise Thermostate, Sicherheitskameras, Lichtsteuerungen, Türöffner und vieles mehr. Die Geräte lassen sich entweder über eine spezielle App steuern, die auf dem iPhone oder iPad installiert werden kann oder kommunizieren über Sprachbefehle mit intelligenten Lautsprechern wie den HomePod oder den Apple HomePod Mini (vgl. Apple, 2023a).

Apple HomeKit wurde entwickelt, um die Integration von Smart-Home-Geräten von verschiedenen Herstellern zu erleichtern und den Benutzern mehr Kontrolle über ihr Zuhause zu geben. Durch die Verwendung von HomeKit können Benutzer beispielsweise automatische Szenarien einrichten, bei denen bestimmte Geräte zu bestimmten Zeiten ein- oder ausgeschaltet werden, oder die Sicherheit ihres Zuhauses überwachen, indem sie Benachrichtigungen erhalten, wenn Bewegungen oder ungewöhnliche Aktivitäten registriert werden (vgl. Apple, 2023b). Apple HomeKit unterstützt derzeit eine Vielzahl von Smart-Home-Geräten von verschiedenen Herstellern und bietet damit eine breite Palette an Möglichkeiten für die Automatisierung und Steuerung des Zuhauses. Es sind jedoch nicht alle Smart-Home-Geräte HomeKit-kompatibel, einige Geräte benötigen möglicherweise spezielle Brücken oder Adapter, um angeschlossen werden zu können. Das Matter-Protokoll könnte dieses Problem beseitigen.

3.1 SWOT-Analyse von Matter

Eines der wichtigsten Ziele von Matter ist es, die Interoperabilität von Smarthome-Geräten zu verbessern. Mit Hilfe der SWOT-Analyse lassen sich die Stärken, die Schwächen, die Chancen und die Risiken identifizieren.

3.1.1 Stärken

- Matter ist ein offenes Protokoll, das von einem Konsortium aus großen Unternehmen entwickelt wurde. Das erhöht die Wahrscheinlichkeit, dass es von vielen Herstelllern von Smarthome-Geräten unterstütz wird.
- Das Matter-Protokoll basiert auf dem Internet Protocol (IP), das für die Übertragung von Daten im Internet verwendet wird. Durch die Verwendung von IP lassen sich Geräte von verschiedenen Herstellern einfacher miteinander vernetzen und steuern.
- Matter ermöglicht es dem Nutzer, Geräte von verschiedenen Herstellern mit einer einzigen App zu steuern, anstatt für jedes Gerät eine separate App verwenden zu müssen. Dies kann die Benutzerfreundlichkeit erhöhen.

Stärken | Eigene Darstellung | Quelle: (vgl. matter-smarthome, 2023; Smart Life, 2023)

3.1.2 Schwächen

- Matter ist noch ein relativ neues Protokoll und wird derzeit von wenigen Unternehmen unterstützt (über 300 Unternehmen). Es gibt möglicherweise noch nicht genügend Geräte, die das Protokoll unterstützen, vor allem alte Smarthome-Geräte und Smarthome-Systeme.
- Das Matter-Protokoll ist eventuell noch nicht vollständig ausgereift (es könnte noch Verbesserungspotential bestehen).
- Es gibt möglicherweise noch nicht genügend Dokumentationen, Ressourcen und Literatur zur Verwendung des Matter-Protokolls, was die Einführung in neue Projekte erschweren könnte.

Schwächen | Eigene Darstellung | Quelle: (vgl. matter-smarthome, 2023; Smart Life, 2023)

3.1.3 Chancen

- Wenn sich das Matter-Protokoll durchsetzt, könnte es die Interoperabilität von Smarthome-Geräten verbessern und dem Nutzer die Wahl geben, die Plattform zur Steuerung seines Smarthomes auszusuchen.
- Matter könnte dazu beitragen, die Benutzerfreundlichkeit von Smarthome-Systemen zu erhöhen, indem es dem Nutzer ermöglicht, alle Geräte über eine einzige App zu steuern.
- Würde das Matter-Protokoll von vielen Herstellern von Smarthome-Geräten unterstützt, könnte dies zu mehr Wettbewerb und damit zu niedrigeren Preisen für die Geräte führen.

Chancen | Eigene Darstellung | Quelle: (vgl. matter-smarthome, 2023; Smart Life, 2023)

3.1.4 Risiken

- Setzt sich das Matter-Protokoll nicht durch, könnte es Schwierigkeiten geben, Geräte von verschiedenen Herstellern miteinander zu vernetzen und zu steuern.
- Wenn das Matter-Protokoll noch nicht ausgereift ist, könnten Fehler auftreten und die Nutzererfahrung leiden.
- Es besteht das Risiko, dass das Matter-Protokoll von Hackern ausgenutzt wird, um Zugriff auf Smarthome-Systeme zu erlangen.

Risiken | Eigene Darstellung | Quelle: (vgl. matter-smarthome, 2023; Smart Life, 2023)

Das große Interesse und der Zusammenhalt von mehr als 300 internationalen Unternehmen und die Ergebnisse der SWOT-Analyse (Stärken und Chancen) zeigen nochmals deutlich das Potenzial des Matter-Protokolls.
Besonders die großen Unternehmen wie Apple, Amazon und Google, ermöglichen mit ihren Smarthome-Geräten eine große Auswahlmöglichkeit.
Dennoch sollten die Ergebnisse der SWOT-Analyse durch weitere empirische Daten gestützt werden. Dafür ist eine Studie zu entwickeln, die ein repräsentatives Meinungsbild der Gesellschaft zum Thema Matter im Smarthome von Apple schaffen soll.

4 Entwicklung einer Studie zu Matter im Smarthome von Apple

Zu Beginn der Studie muss deren Ziel klar definiert werden. Ziel der Studie ist es, die Verbreitung und den Einfluss von Matter im Smarthome von Apple zu untersuchen, um so ein repräsentatives Meinungsbild der Gesellschaft zu erhalten.

4.1 Hypothesen

Die Hypothesen (Nullhypothese H0 und Alternativhypothese H1) der Studie basieren auf der SWOT-Analyse und werden durch weitere Literatur unterstützt.

Marktakzeptanz von Anwendern von Matter im Apple HomeKit

H0: Die mittlere Akzeptanz von Anwendern von Matter im Apple HomeKit ist genauso hoch wie die anderer Hersteller von Smarthome-Systemen.

H1: Die mittlere Akzeptanz von Anwendern von Matter im Apple HomeKit ist bei anderen Herstellern von Smarthome-Systemen höher.

_____

Marktakzeptanz von Matter im Apple HomeKit | Eigene Darstellung | Quelle: (vgl. Statista, 2022a)

Akzeptanz von Apple's Smarthome-Geräten

H0: Die mittlere Akzeptanz von Anwendern von Apple's SmartHome-Geräten ist genauso hoch, wie die anderer Hersteller von Smarthome-Systemen.

H1: Die mittlere Akzeptanz von Anwendern von Apple's SmartHome-Geräten ist bei anderen Herstellern von Smarthome-Systemen höher.

_____

Apple's Smarthome-Geräte von Matter im Apple HomeKit | Eigene Darstellung | Quelle: (vgl. Statista, 2022a)

Komptabilität von Apple's Smarthome-Geräten

H0: Die Komptabilität von Apple's HomeKit mit den Smarthome-Geräten anderer Hersteller ist genauso hoch, wie die Smarthome-Systeme von anderen Hersteller.

H1: Die Komptabilität von Apple's HomeKit mit den Smarthome-Geräten anderer Hersteller ist höher als die Smarthome-Systeme von anderen Herstellern.

_____

Komptabilität von Apple's Smarthome-Geräten | Eigene Darstellung | Quelle: (vgl. Statista, 2022a)

Diese letzten beiden Hypothesen können nur durch eine Marktanalyse und durch Apples interne Daten beantwortet werden. Jedoch ist Apple einer der größten Anbieter für Smarthome-Geräte und Smarthome-Systeme, bzw. für Geräte auf denen Apple's Software installiert ist. Daher kann angenommen werden, dass die Komptabilität von Apple's Smarthome-Geräten mit Matter auf dem gleichen Niveau bleibt oder sogar stärker wird.

4.2 Forschungsdesign

Die Studie wird eine quantitative Analyse mithilfe eines Fragebogens durchführen. Fragebögen eignen sich aufgrund ihrer Kosteneffizienz, Skalierbarkeit, Anonymität und schnellen Ergebnissen gut für die Untersuchung. Allerdings besteht das Risiko, dass die Fragen unterschiedlich verstanden und interpretiert werden. Ebenso kann es passieren, dass die Teilnehmer die Fragen unehrlich beantworten. Auch die emotionalen Reaktionen, Gesichtsausdrücke und körpersprachlichen Reaktionen werden dabei nicht erfasst. Die Fragen werden gezielt aufgrund der formulierten Hypothesen erstellt (vgl. Frank, 2010, S. 125 ff. Hug & Poscheschnik, 2020, S. 157 f.).

Tabelle 1: Fragebogen

1	Besitzen Sie ein Smarthome?	ja / nein / unbekannt
2	Von welchem Hersteller ist das Smarthome-System?	Hersteller (Apple, Google, Amazon etc.)
3	Wie zufrieden sind Sie mit dem Smarthome-System?	sehr unzufrieden / unzufrieden / ausreichend / zufrieden / sehr zufrieden
4	Wie zufrieden sind Sie mit den Smarthome-Geräten?	sehr unzufrieden / unzufrieden / ausreichend / zufrieden / sehr zufrieden

Fragebogen | Eigene Darstellung

4.3 Stichprobengröße

Es ist schwierig, genaue Zahlen zu Smarthome-Systemen in deutschen Haushalten zu nennen. Das Konzept von Smarthome kann sehr breit gefasst werden und die Verbreitung von Smarthome-Technologie in Deutschland ist unterschiedlich. Jedoch dürften die Zahlen in den letzten Jahren gestiegen sein, da die Verbreitung bzw. der Umsatz mit Smarthome-Technologie in Deutschland zunimmt (vgl. Statista, 2022b).

Es ist allerdings zu beachten, dass nicht jedes Smarthome-System gleich ist und es unterschiedliche Gründe gibt, warum Haushalte ein Smarthome-System nutzen. Manche Haushalte installieren beispielsweise nur ein paar vernetzte Geräte, während andere ein umfassendes Smarthome-System einrichten, das alle Bereiche des Haushalts abdeckt.

4.4 Verfahren zur Datenauswertung

Es gibt verschiedene Verfahren zur Datenauswertung von Fragebögen, je nachdem, welche Art von Daten gesammelt wurden und welche Art von Analysen durchgeführt werden sollen. Zwei häufig verwendete Verfahren sind:

1. **Deskriptive Statistik:**
   Dies umfasst die Berechnung von Mittelwerten, Standardabweichungen und Prozentsätzen, um die Daten zu beschreiben (vgl. Statista, o. J.).
2. **Inferenzstatistik:**
   Dies beinhaltet die Verwendung von statistischen Tests, um Schlussfolgerungen über eine größere Bevölkerungszahl anhand einer repräsentativen Stichprobe zu ziehen (vgl. Kamps, o. J.).

Für die entwickelte Studie wäre die Auswertung mit einer deskriptiven Statistik sinnvoll, da die Antwortmöglichkeiten des Fragebogens sich einfach in Zahlenwerte konvertieren lassen. Mit diesen Zahlenwerten könnten die Mittelwerte, Standardabweichungen und prozentuale Abweichungen ermittelt werden.

Tabelle 2: Datenauswertung

1	Besitzen Sie ein Smarthome?	ja / nein / unbekannt → [2, 1, 0]
2	Von welchem Hersteller ist das Smarthome-System?	Hersteller (Apple, Google, Amazon etc.)
3	Wie zufrieden sind Sie mit dem Smarthome-System?	sehr unzufrieden / unzufrieden / ausreichend / zufrieden / sehr zufrieden → [5, 4, 3, 2, 1]
4	Wie zufrieden sind Sie mit den Smarthome-Geräten?	sehr unzufrieden / unzufrieden / ausreichend / zufrieden / sehr zufrieden → [5, 4, 3, 2, 1]

Umwandlung des Fragebogens für deskriptive Datenauswertung | Eigene Darstellung

Eine ausführliche Umfrage würde den Rahmen dieser Hausarbeit überschreiten, sodass sich das Fazit überwiegend auf die Ergebnisse der SWOT-Analyse bezieht.

5   Fazit

Matter und Apple sind beides erfolgreiche Unternehmen in ihren jeweiligen Bereichen. Matter ist hauptsächlich auf die Entwicklung von Smart-Home-Technologie spezialisiert, während Apple vor allem in den Bereichen Elektronik, Computer und Unterhaltungselektronik tätig ist. Beide Unternehmen haben ihre eigenen Produkte und Lösungen, die sich in Bezug auf Design, Leistung und Funktionalität unterscheiden können. Obwohl sie in verschiedenen Bereichen tätig sind, gibt es jedoch auch Überschneidungen, insbesondere in Bezug auf die Verwendung von Smart-Home-Technologie in Apple-Geräten. Insgesamt ist Matter ein starkes Unternehmen in der Smart Home Branche und Apple ein weltweit bekannter Elektronikhersteller.

Matter ist ein offener Kommunikationsstandard, der es verschiedenen Geräten ermöglicht, miteinander zu kommunizieren und sich gegenseitig zu steuern. Dies könnte bedeuten, dass Smarthome-Geräte mit Apple besser miteinander integrierbar sind und neue Funktionen und Möglichkeiten hinzukommen, wie zum Beispiel die Steuerung von Geräten durch Sprachbefehle oder die Möglichkeit, Geräte von unterwegs aus zu steuern. Somit könnte der neue Kommunikationsstandard Matter den Einsatz von Smarthome-Geräten von Apple verbessern und erweitern. Doch Matter ermöglicht es nicht nur Apple, sondern auch anderen Unternehmen, wie Amazon, Google und Samsung, ihre Systeme anzupassen und ihre Produktvielfalt auszubauen. Damit hat Matter auch einen Einfluss auf den Wettbewerb in der Smarthome-Branche.

Letztendlich eröffnet das Konzept des Matter-Protokolls die Möglichkeit, die Interaktion mit der Welt um uns herum zu verbessern und neue Anwendungen und Dienste zu schaffen. Es hat das Potenzial, die Art und Weise zu verändern, wie wir mit unserer Umwelt und den Dingen, die uns umgeben, interagieren und ermöglicht uns, die Welt intuitiver und intelligenter zu gestalten.

Besonders private Haushalte profitieren von der Standardisierung der Kommunikation von Smarthome-Geräten, da diese nicht mehr an ein Smarthome-System gebunden sind. Mit mehr Vielfalt und einer einfacheren Integration steht der Implementierung eines intelligenten Zuhauses nichts mehr im weg.

Literaturverzeichnis

Andelfinger, V. P. & Hänisch, T. (2015). *Internet der Dinge*. Springer.

Apple. (2023a, Januar 10). Home app - Home Zubehör. *Apple (Deutschland)*. Verfügbar unter: https://www.apple.com/de/home-app/accessories/ (10.1.2023).

Apple. (2023b, Januar 15). Mit der Home-App Szenen und Automationen erstellen. *Apple Support*. Verfügbar unter: https://support.apple.com/de-de/HT208940 (15.1.2023).

Bildung, B. für politische. (o. J.). Industrialisierung/industrielle Revolution. *bpb.de*. Verfügbar unter: https://www.bpb.de/kurz-knapp/lexika/lexikon-in-einfacher-sprache/328544/industrialisierung-industrielle-revolution/ (9.1.2023).

Duden. (o. J.). Duden | Interoperabilität | Rechtschreibung, Bedeutung, Definition, Herkunft. Verfügbar unter: https://www.duden.de/rechtschreibung/Interoperabilitaet (10.1.2023).

Frank, L. (2010). Interview und Fragebogen als Diagnosetechniken.

Google. (2023, Januar 10). Das neue Google Home | Google Home. Verfügbar unter: https://home.google.com/intl/de_de/the-latest/ (10.1.2023).

Hänisch, T. (2017). *Industrie 4.0 Wie cyber-physische Systeme die Arbeitswelt verändern*. Springer Gabler. Verfügbar unter: http://dx.doi.org/10.1007/978-3-658-15557-5

heise online. (2019, Dezember). Amazon, Apple, Google & Co planen offenes Protokoll für Smart-Home-Geräte. *Mac & i*. Verfügbar unter: https://www.heise.de/mac-and-i/meldung/Amazon-Apple-Google-Co-planen-offenes-Protokoll-fuer-Smart-Home-Geraete-4619175.html (9.1.2023).

Hug, T. & Poscheschnik, G. (2020). *Empirisch forschen: die Planung und Umsetzung von Projekten im Studium* (3.).

Kamps, P. D. U. (o. J.). Definition: Inferenzstatistik. *https://wirtschaftslexikon.gabler.de/definition/inferenzstatistik-40284*. Text, Springer Fachmedien Wiesbaden GmbH. Verfügbar unter: https://wirtschaftslexikon.gabler.de/definition/inferenzstatistik-40284 (12.1.2023).

matter-smarthome. (2023, Januar 9). Matter. *matter-smarthome*. Verfügbar unter: https://matter-smarthome.de/ (9.1.2023).

Rodriguez, R. (2012). Smart Home–Utopie oder Realität? *Smart Energy* (S. 249–259). Springer.

Smart Life. (2023, Januar 10). matter - Smart Life. Verfügbar unter: https://smart-life24.de/matter/ (10.1.2023).

Sprenger, F. & Engemann, C. (2015). *Internet der Dinge: Über smarte Objekte, intelligente Umgebungen und die technische Durchdringung der Welt* (Band 9). transcript Verlag.

Statista. (2022a, Dezember). Mobile Betriebssysteme - Marktanteile Internetnutzung Deutschland bis 2022. *Statista*. Verfügbar unter: https://de.statista.com/statistik/daten/studie/184332/umfrage/marktanteil-der-mobilen-betriebssysteme-in-deutschland-seit-2009/ (10.1.2023).

Statista. (2022b, Oktober). Umsatz von Apple bis 2022. *Statista*. Verfügbar unter: https://de.statista.com/statistik/daten/studie/39388/umfrage/umsatz-von-apple-seit-2004/ (12.1.2023).

Statista. (o. J.). Deskriptive Statistik | Statista. Verfügbar unter: https://de.statista.com/statistik/lexikon/definition/49/deskriptive_statistik/ (12.1.2023).

Strese, H., Seidel, U., Knape, T. & Botthof, A. (2010). Smart home in Deutschland. *Institut für Innovation und Technik (iit)*, *46*, 13.

Westphal, A. (2022, November 4). Matter: Offizieller Startschuss fällt – Amazon, Samsung und mehr sind dabei. *HIFI.DE*. Verfügbar unter: https://hifi.de/news/matter-offizieller-startschuss-faellt-amazon-samsung-und-mehr-sind-dabei-117395 (10.1.2023).

Z-Wave Europe. (2023a, Januar 15). Z-Wave | Z-Wave Europe - The leading european distributor for Smart Home products. Verfügbar unter: https://zwave.eu/de/zwave/ (15.1.2023).

Z-Wave Europe. (2023b, Januar 15). Zigbee | Z-Wave Europe - The leading european distributor for Smart Home products. Verfügbar unter: https://zwave.eu/de/zigbee/ (15.1.2023).